中华人民共和国交通运输行业标准《公路货运站站级标准及建设要求》（JT/T 402—2016）配套图册

《公路货运站站级标准及建设要求》图册

胡大伟　主编

郭晓汾　主审

人民交通出版社股份有限公司
China Communications Press Co.,Ltd.

内容提要

本图册是在对中华人民共和国交通运输行业标准《公路货运站站级标准及建设要求》（JT/T 402—2016）解读的基础上进行设计的。本图册包括两部分内容：第一部分为《公路货运站站级标准及建设要求》中提出的包括不同类型、不同等级的公路货运站总平面示意图和效果图；第二部分为国内现有公路货运站案例图。

本图册可作为交通站场规划管理人员、设计人员的参考书。

图书在版编目（CIP）数据

《公路货运站站级标准及建设要求》图册 / 胡大伟主编.— 北京：人民交通出版社股份有限公司，2017.3

ISBN 978-7-114-10270-7

Ⅰ. ①公… Ⅱ. ①胡… Ⅲ. ①公路运输—货运站—级别—中国—图集 Ⅳ. ①U492. 1-64

中国版本图书馆CIP数据核字（2012）第312743号

《Gonglu Huoyunzhan Zhanji Biaozhun ji Jianshe Yaoqiu》Tuce

书　　名：《公路货运站站级标准及建设要求》图册
著 作 者：胡大伟
责任编辑：翁志新
出版发行：人民交通出版社股份有限公司
地　　址：(100011) 北京市朝阳区安定门外外馆斜街 3 号
网　　址：http://www.ccpress.com.cn
销售电话：(010) 59757973
总 经 销：人民交通出版社股份有限公司发行部
印　　刷：北京市密东印刷有限公司
开　　本：787×1092　1/8
印　　张：4.5
版　　次：2017 年 3 月　第 1 版
印　　次：2017 年 3 月　第 1 次印刷
书　　号：ISBN 978-7-114-10270-7
定　　价：25.00 元

《公路货运站站级标准及建设要求》
项　目　组

项目组织单位： 交通运输部运输服务司

项目组织单位负责人： 李　刚　徐亚华　谢家举　战榆林

图册设计人员名单： 胡大伟　马壮林　谭晓伟
徐　婷　李　博　郝艳召
胡　卉　王来军　杨京帅
朱鸿国　朱宇清　彭亚斐
朱荣荣　程　菱　冯　源
孙明明　李高波　曾　桃
安　然

前言 Preface

公路货物运输始终是我国交通运输的主力军。截至2015年底，全国营业性货运车辆完成货运量315亿吨，货物周转量57956亿吨公里，比上年分别增长1.2%和2.0%。全社会完成的公路货运量在综合运输中的比重多年来持续保持在75%左右，在综合运输体系中发挥着重要的基础性和先导性作用。公路货运站是公路货运网络的重要节点，是以公路运输为主要运输手段组织货物集散、中转运输的场所，对公路货运的持续健康发展具有重要支撑作用。

目前，用于指导公路货运站场规划建设和行业管理的交通运输行业标准仍沿用《汽车货运站（场）级别划分和建设要求》（JT/T 402—1999），已远远不能满足我国公路货运发展的实际需要。为此，交通运输部道路运输司于2011年4月，围绕近年来道路运输重点工作，组织开展了包括《公路货运站站级标准及建设要求》在内的29项道路运输领域的标准规范等课题研究工作，意图是根据课题研究成果提炼形成新的公路货运站相关标准，按照分类分级的原则实现公路货运站的全行业管理。

长安大学因在此领域长期的研究积累，有幸成为该项目的研究承担单位。项目组成员通过对陕西、山东、湖北、辽宁、广东、浙江6个省32个典型公路货运站的深入调研，在借鉴铁路站场、航空港、水运港口、物流企业以及医院、宾馆、国内外中小企业分类分级的相关标准基础上，从分类学和管理学角度考虑确定了“按核心业务功能分类、按规模大小分级”的研究思路，并于2011年12月提出了《公路货运站站级标准及建设要求》（JT/T 402—2016）征求意见稿。为进一步增加不同行业、领域相关人员对于公路货运站的感性认识和认知程度，项目组在参照现有典型公路货运站的基础上，根据《公路货运站站级标准及建设要求》中确定的综合型、运输型、仓储型、信息型四类、三级货运站相关要求，设计了本图册，供相关人员解读《公路货运站站级标准及建设要求》。

本图册包括两部分内容：第一部分为《公路货运站站级标准及建设要求》中提出的包括不同类型、不同等级的公路货运站总平面示意图和效果图；第二部分为国内现有公路货运站案例图。

建议本图册与《公路货运站站级标准及建设要求》（JT/T 402—2016）共同使用。

《公路货运站站级标准及建设要求》项目组

2017年3月

目录 Contents

第一部分　《公路货运站站级标准及建设要求》参考图

第二部分　国内现有公路货运站案例图

第一部分

《公路货运站站级标准及建设要求》参考图

综合型一级公路货运站总平面示意图

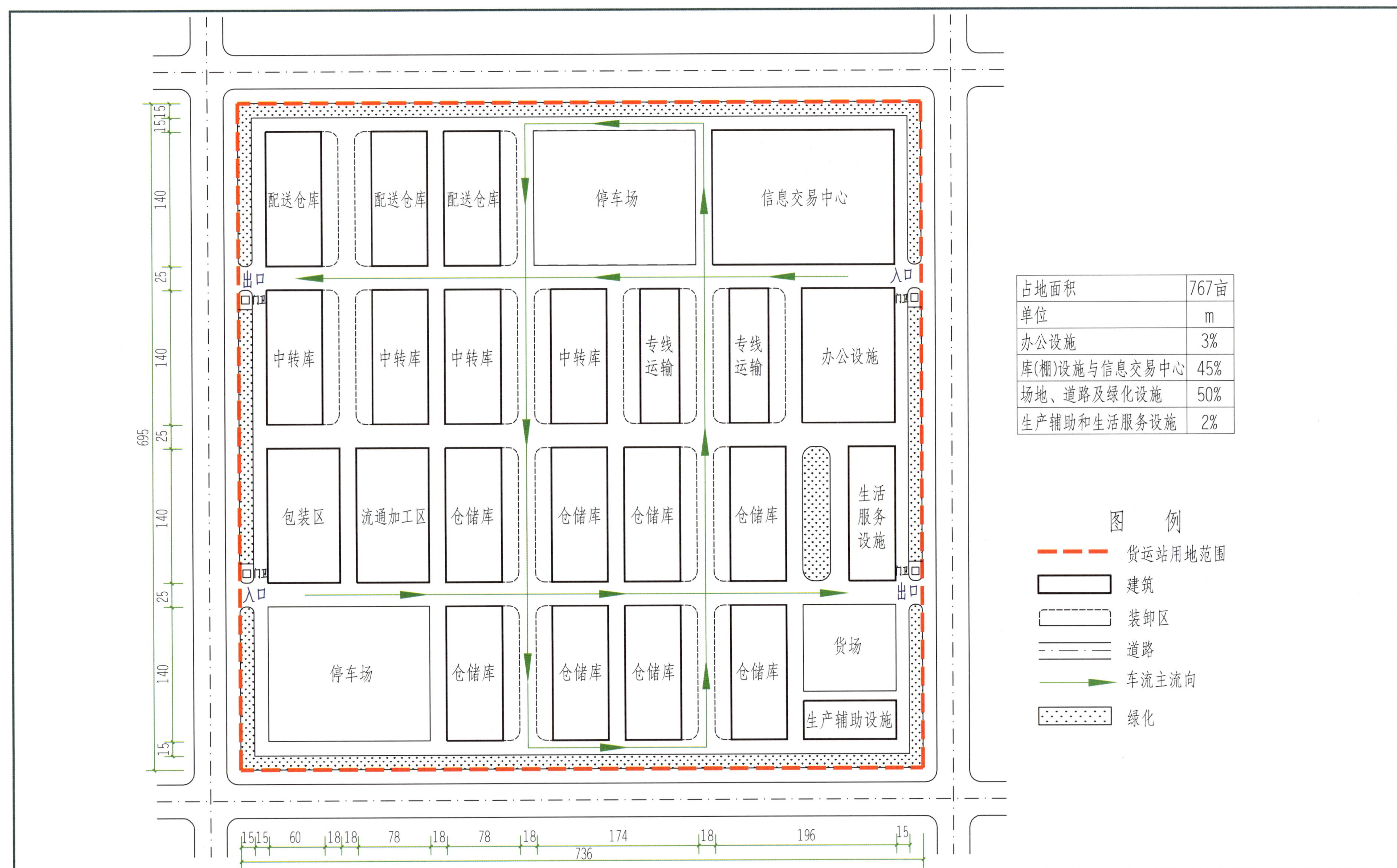

占地面积	767亩
单位	m
办公设施	3%
库(棚)设施与信息交易中心	45%
场地、道路及绿化设施	50%
生产辅助和生活服务设施	2%

综合型一级公路货运站效果图

综合型二级公路货运站总平面示意图

占地面积	564亩
单位	m
办公设施	3%
库(棚)设施与信息交易中心	41%
场地、道路及绿化设施	53%
生产辅助和生活服务设施	3%

综合型二级公路货运站效果图

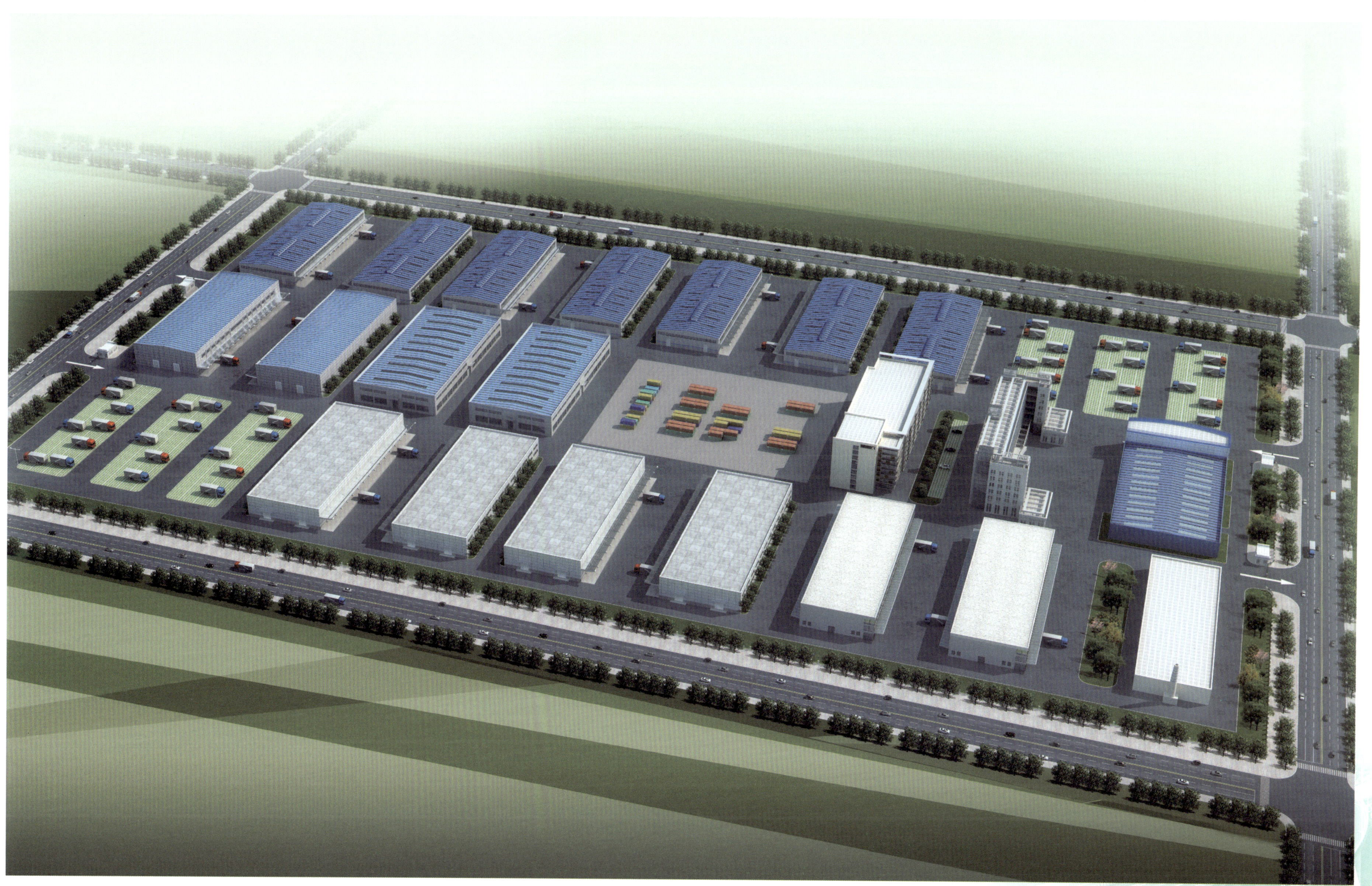

综合型三级公路货运站总平面示意图

占地面积	263亩
单位	m
办公设施	3%
库(棚)设施与信息交易中心	36%
场地、道路及绿化设施	58%
生产辅助和生活服务设施	3%

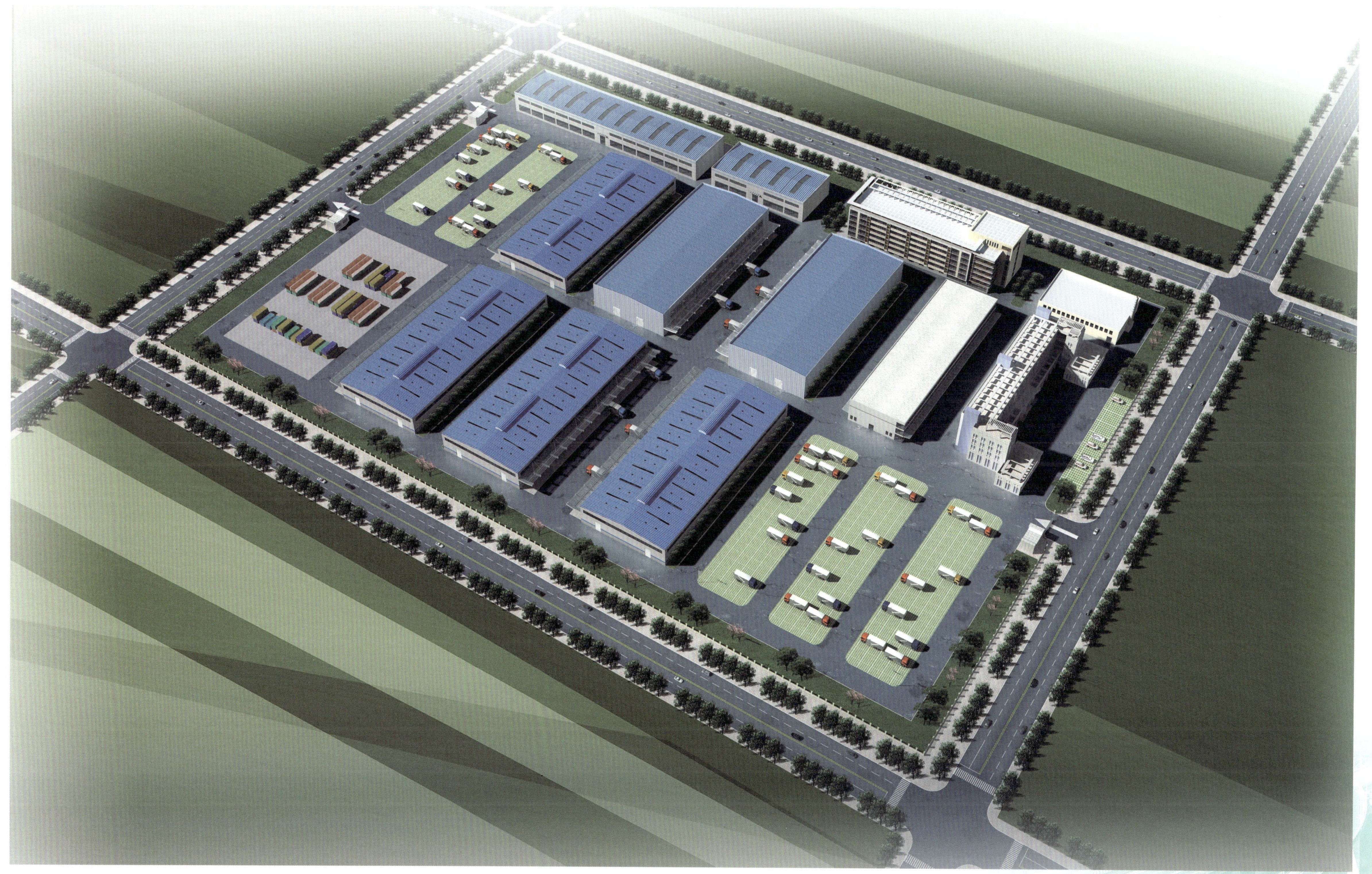

运输型一级公路货运站总平面示意图

占地面积	553亩
单位	m
办公设施	2%
库(棚)设施与信息交易中心	41%
场地、道路及绿化设施	52%
生产辅助和生活服务设施	5%

运输型一级公路货运站效果图

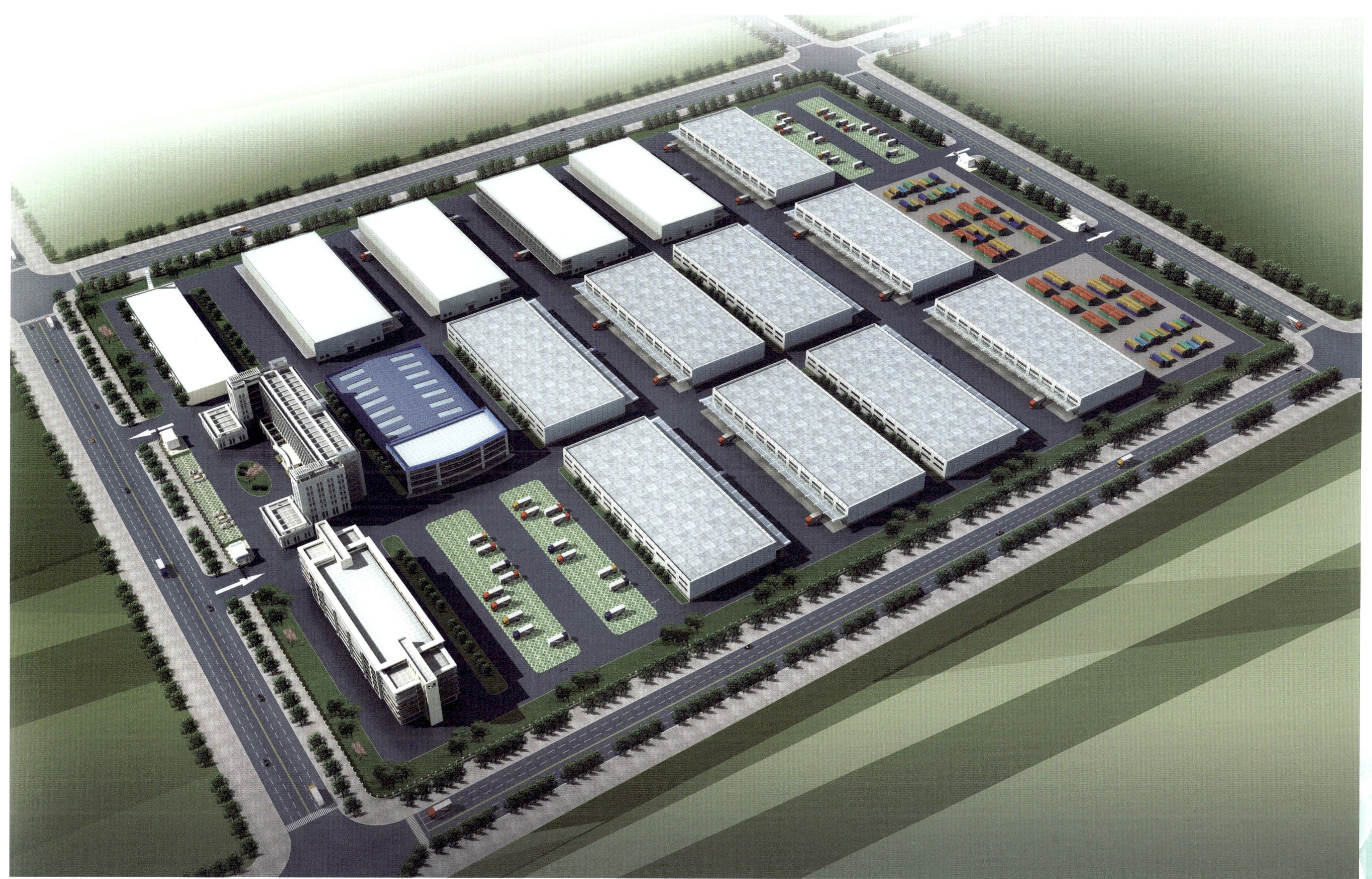

运输型二级公路货运站总平面示意图

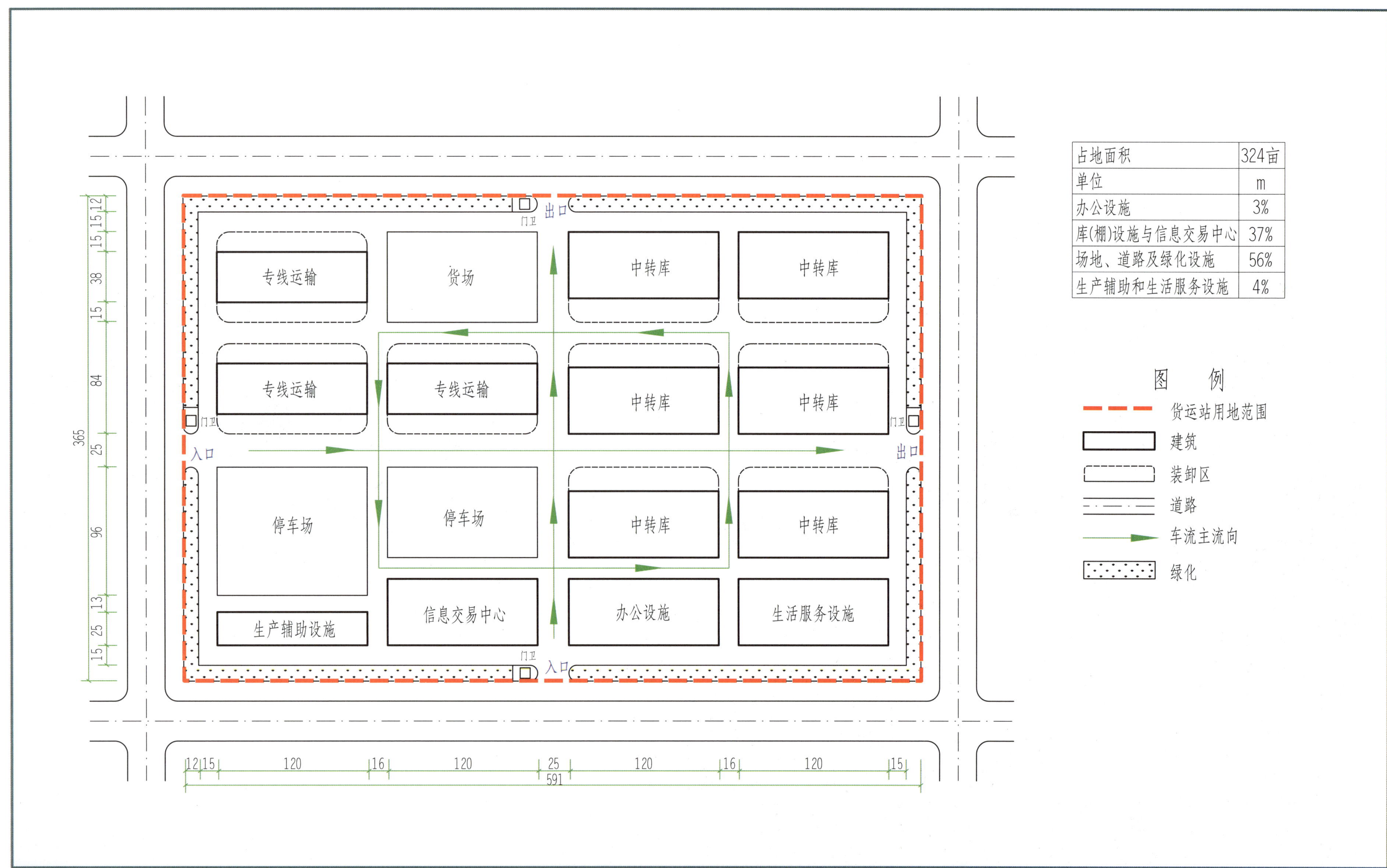

占地面积	324亩
单位	m
办公设施	3%
库(棚)设施与信息交易中心	37%
场地、道路及绿化设施	56%
生产辅助和生活服务设施	4%

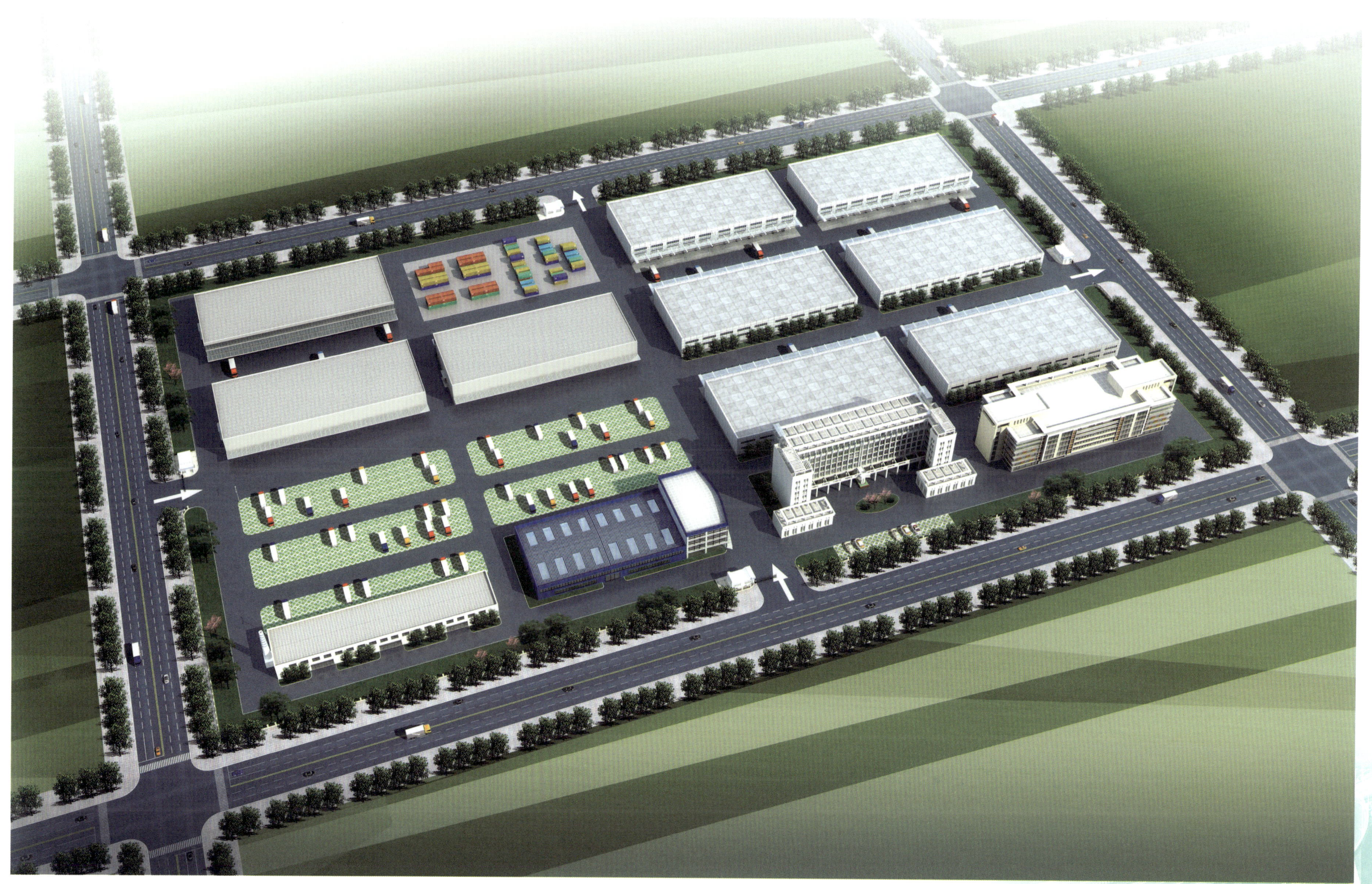

运输型三级公路货运站总平面示意图

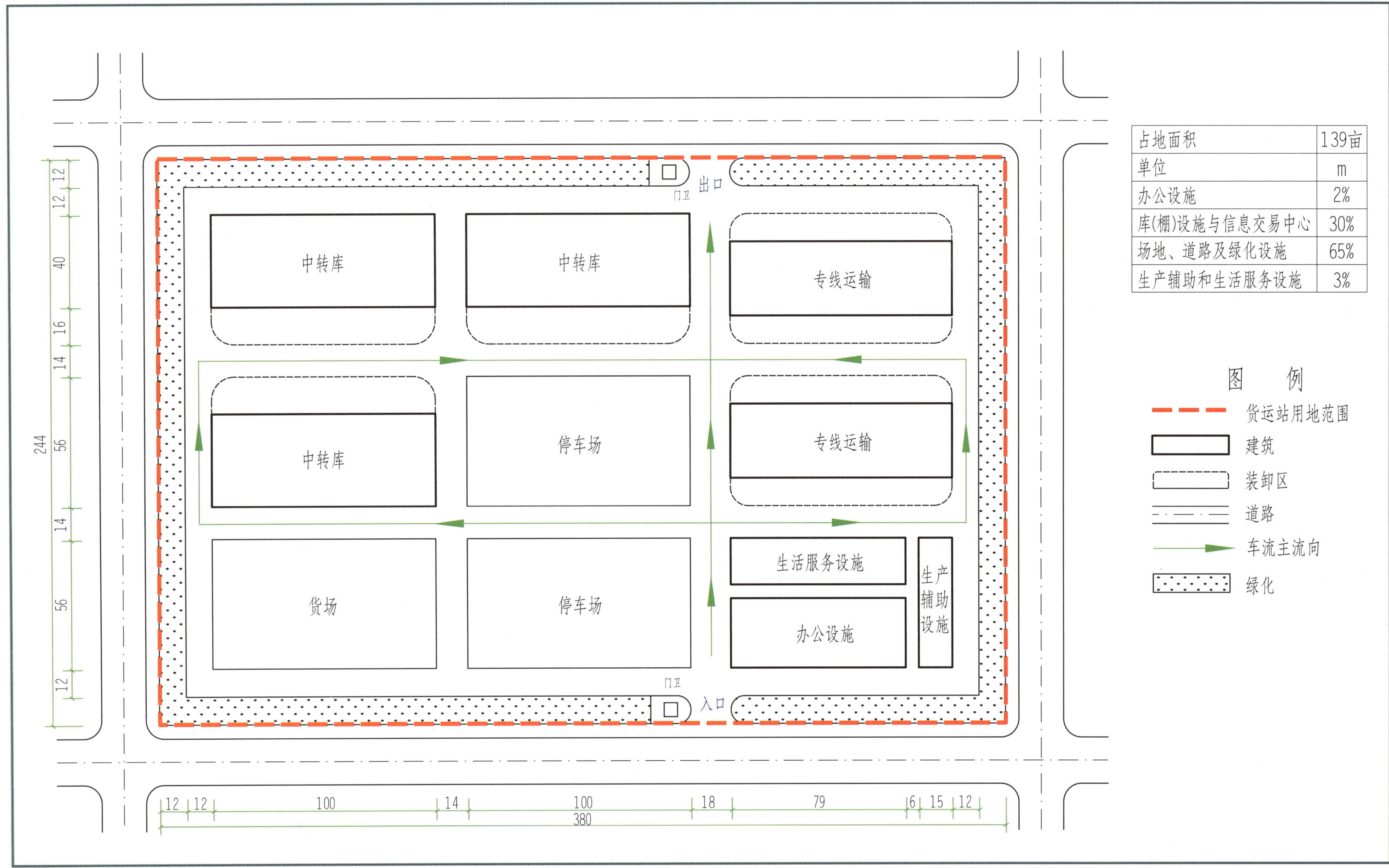

占地面积	139亩
单位	m
办公设施	2%
库(棚)设施与信息交易中心	30%
场地、道路及绿化设施	65%
生产辅助和生活服务设施	3%

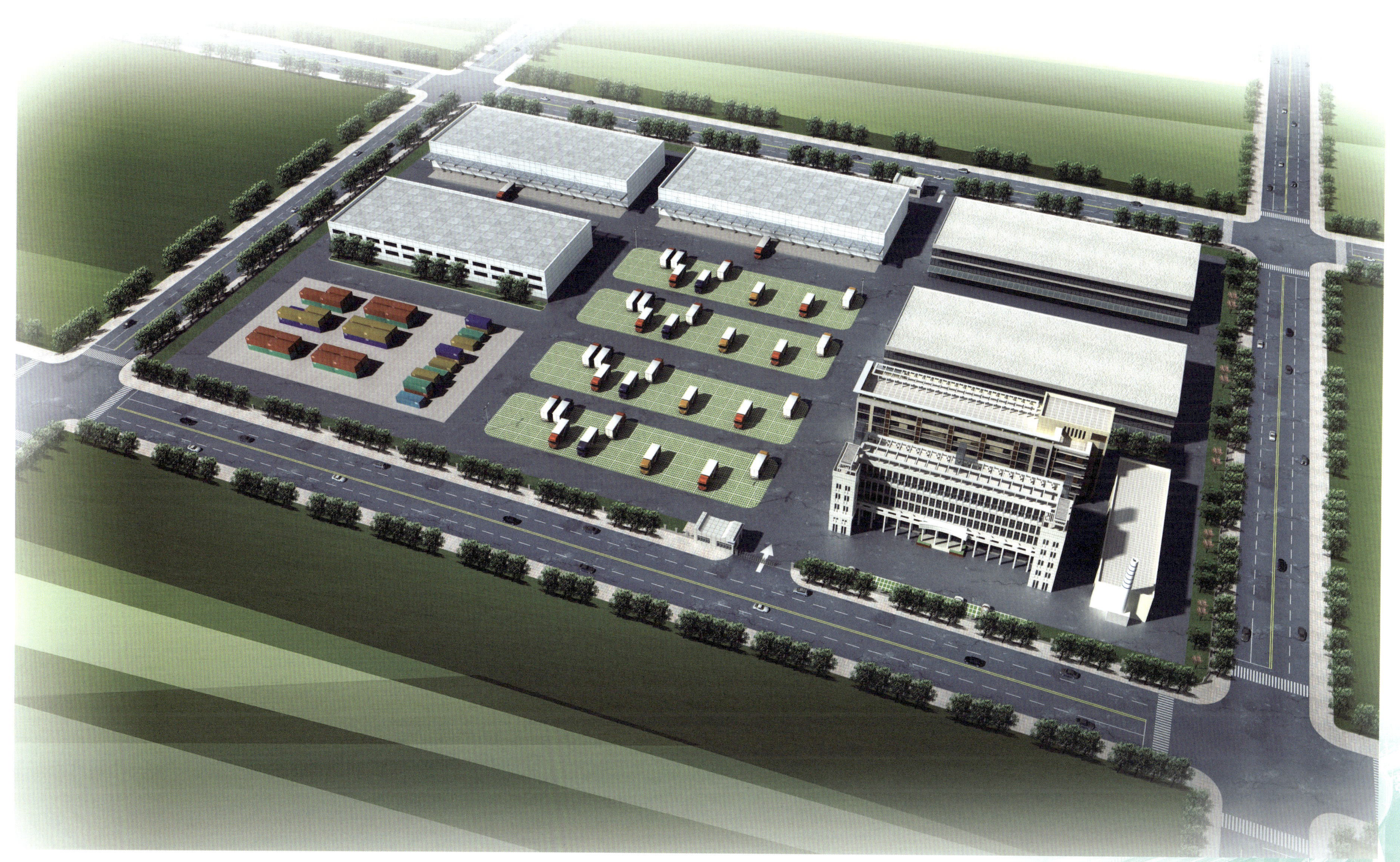

仓储型一级公路货运站总平面示意图

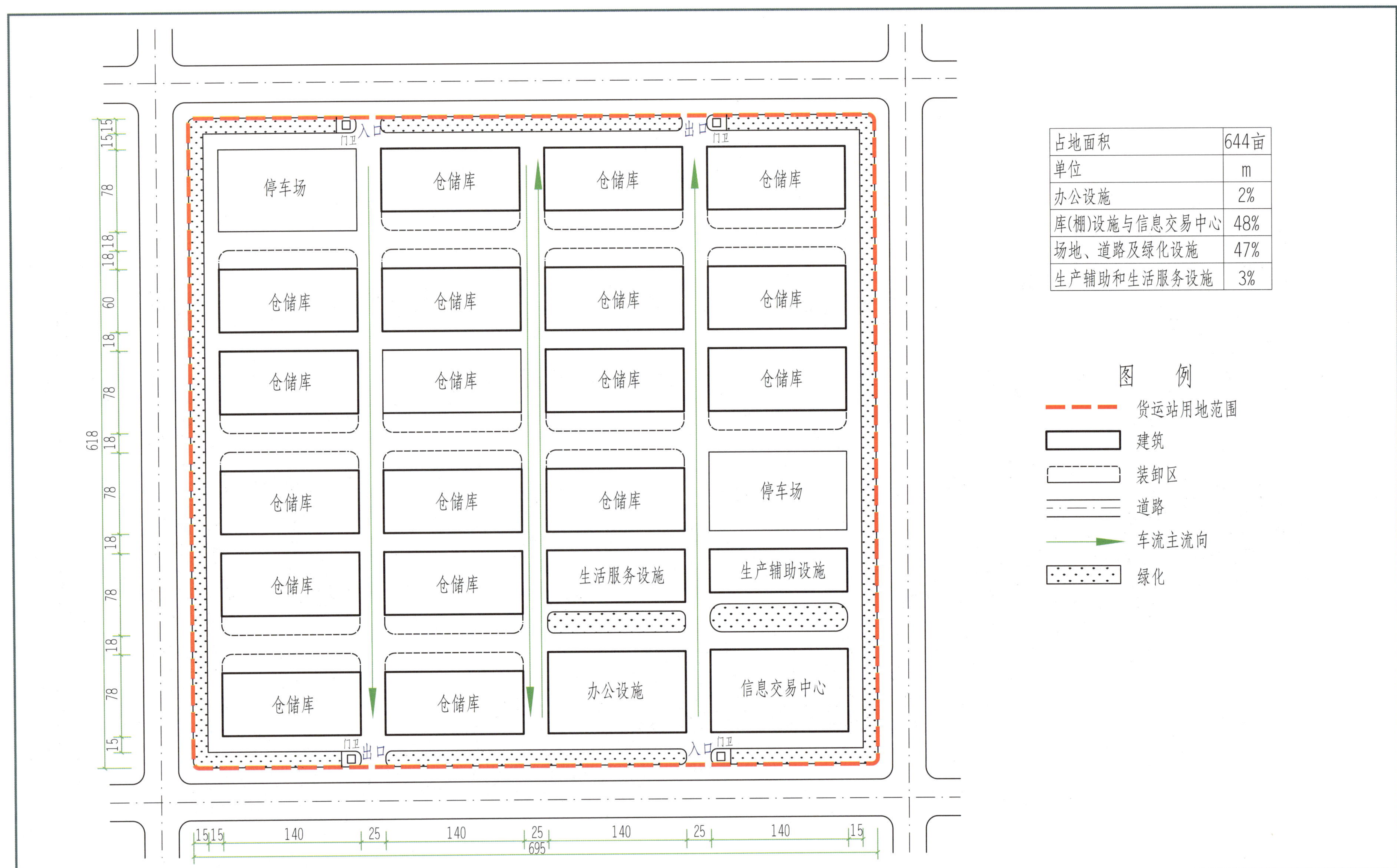

占地面积	644亩
单位	m
办公设施	2%
库(棚)设施与信息交易中心	48%
场地、道路及绿化设施	47%
生产辅助和生活服务设施	3%

仓储型一级公路货运站效果图

仓储型二级公路货运站总平面示意图

占地面积	386亩
单位	m
办公设施	3%
库(棚)设施与信息交易中心	41%
场地、道路及绿化设施	51%
生产辅助和生活服务设施	5%

仓储型二级公路货运站效果图

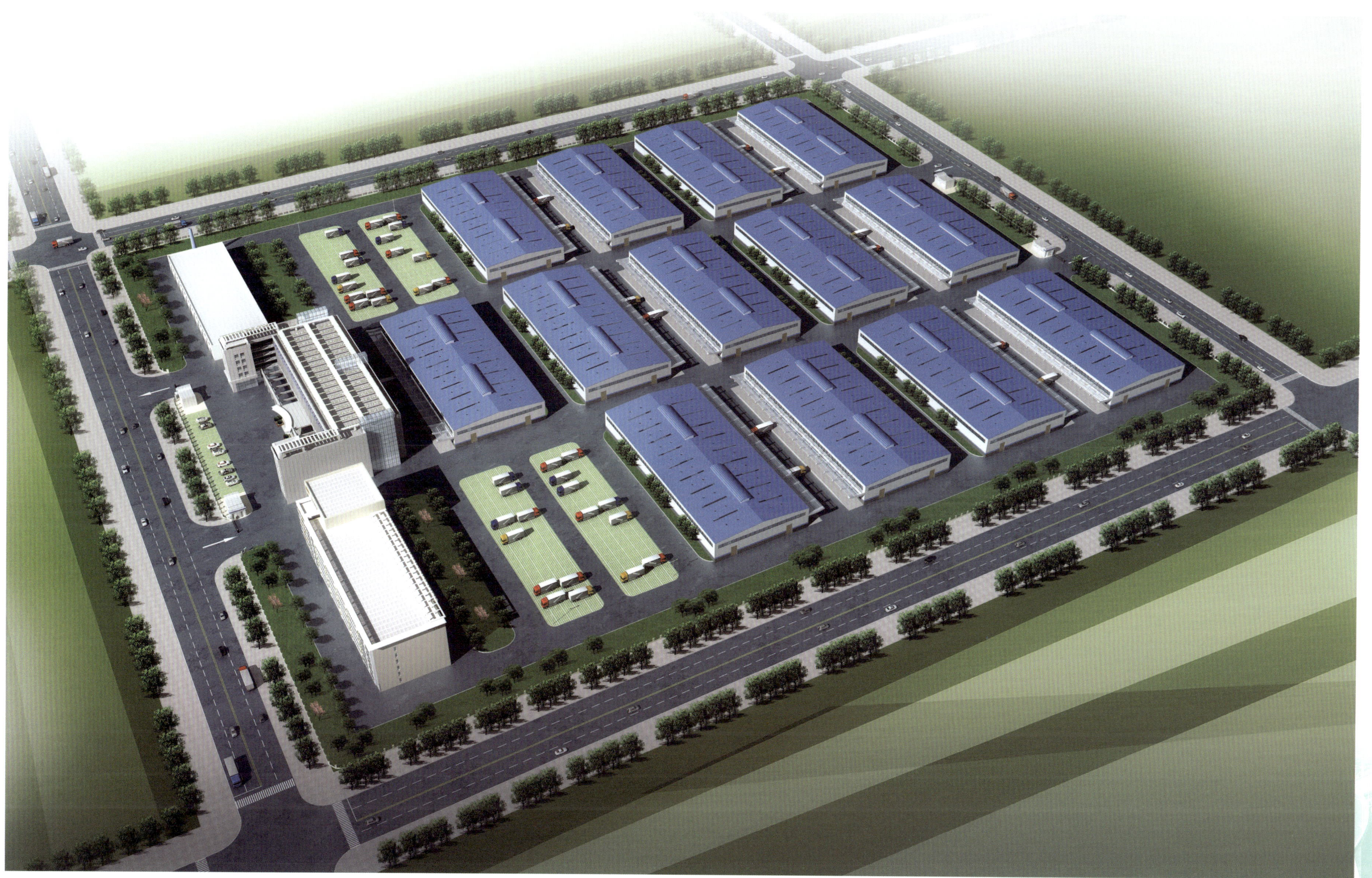

仓储型三级公路货运站总平面示意图

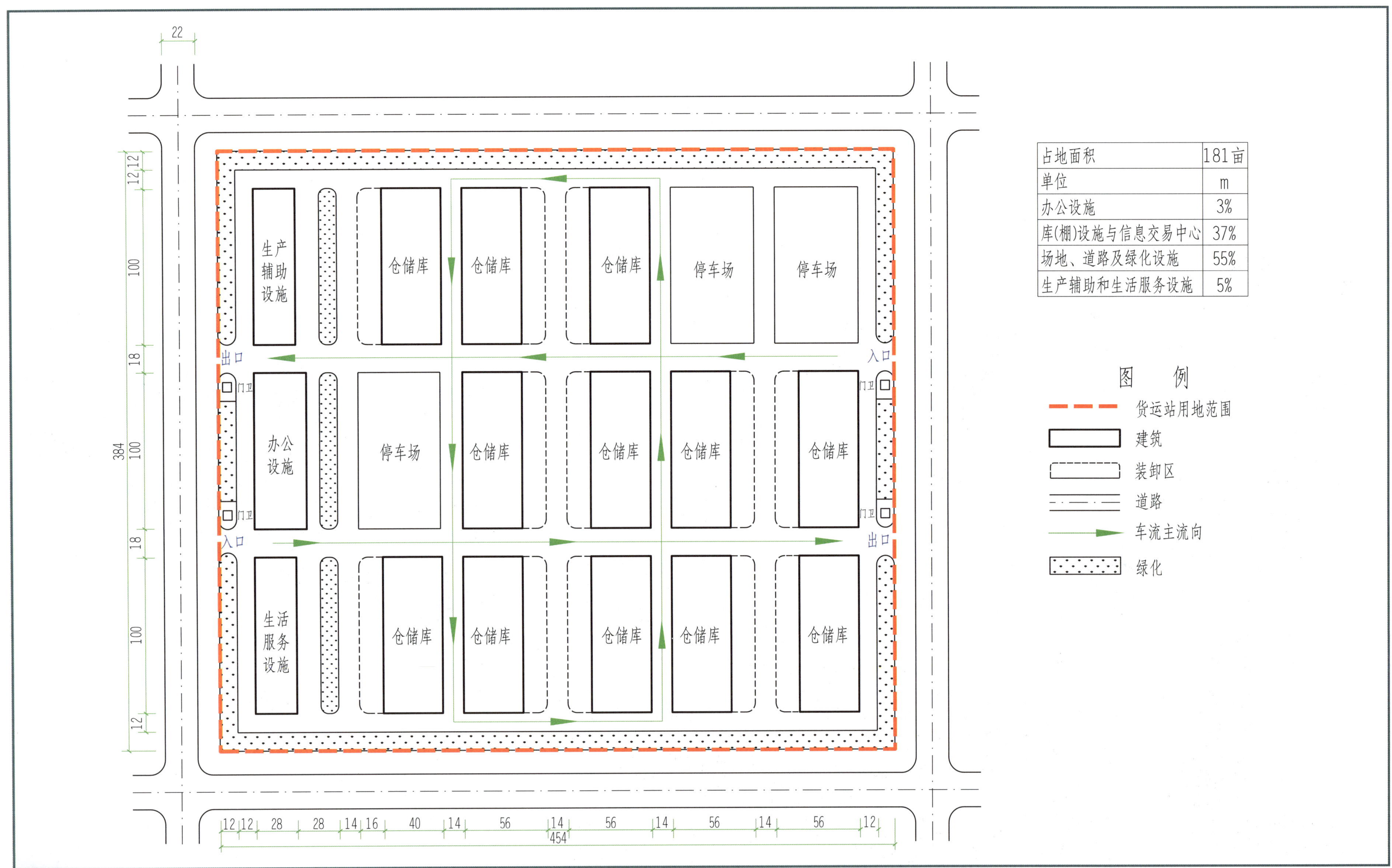

仓储型三级公路货运站效果图

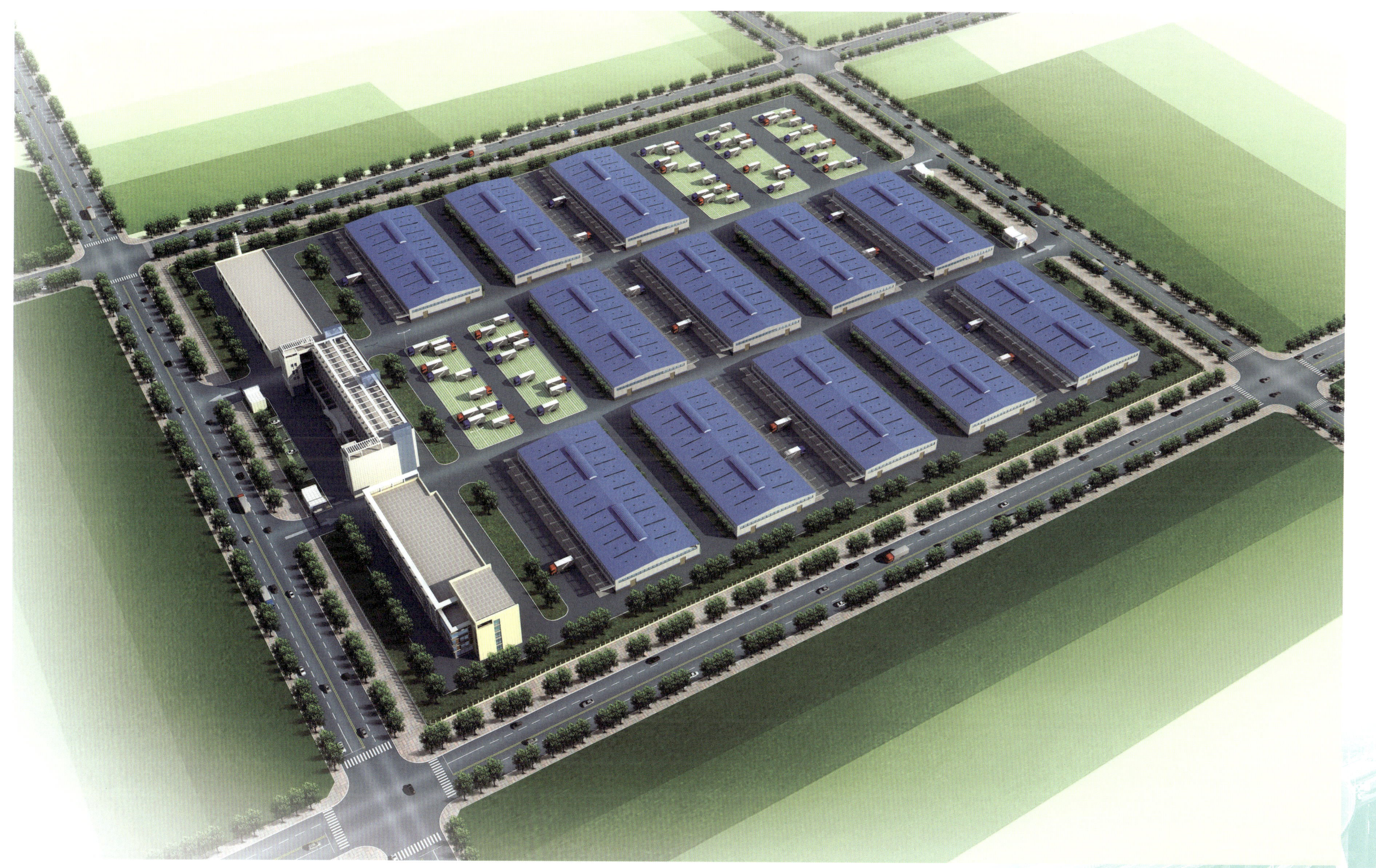

信息型一级公路货运站总平面示意图

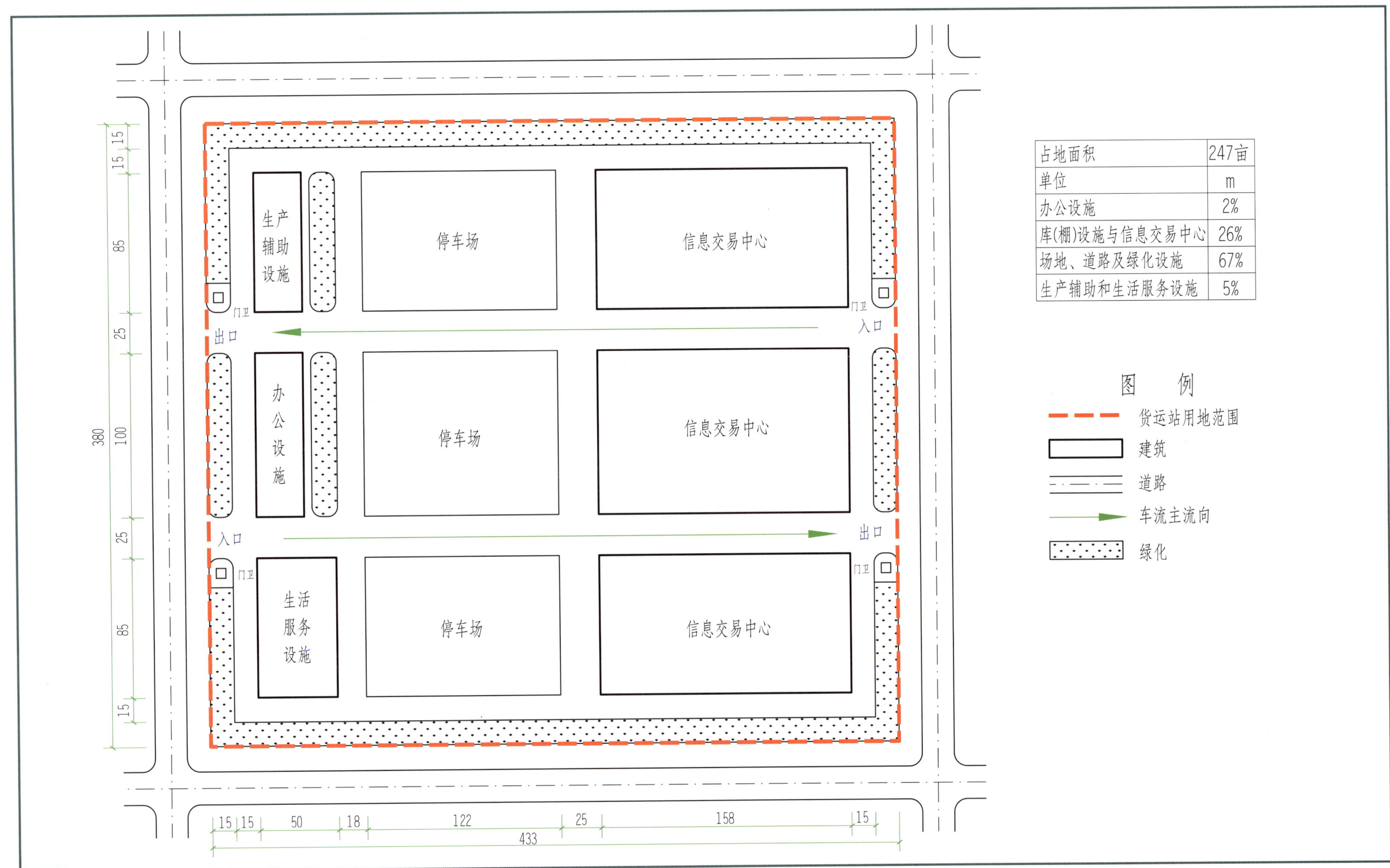

占地面积	247亩
单位	m
办公设施	2%
库(棚)设施与信息交易中心	26%
场地、道路及绿化设施	67%
生产辅助和生活服务设施	5%

信息型一级公路货运站效果图

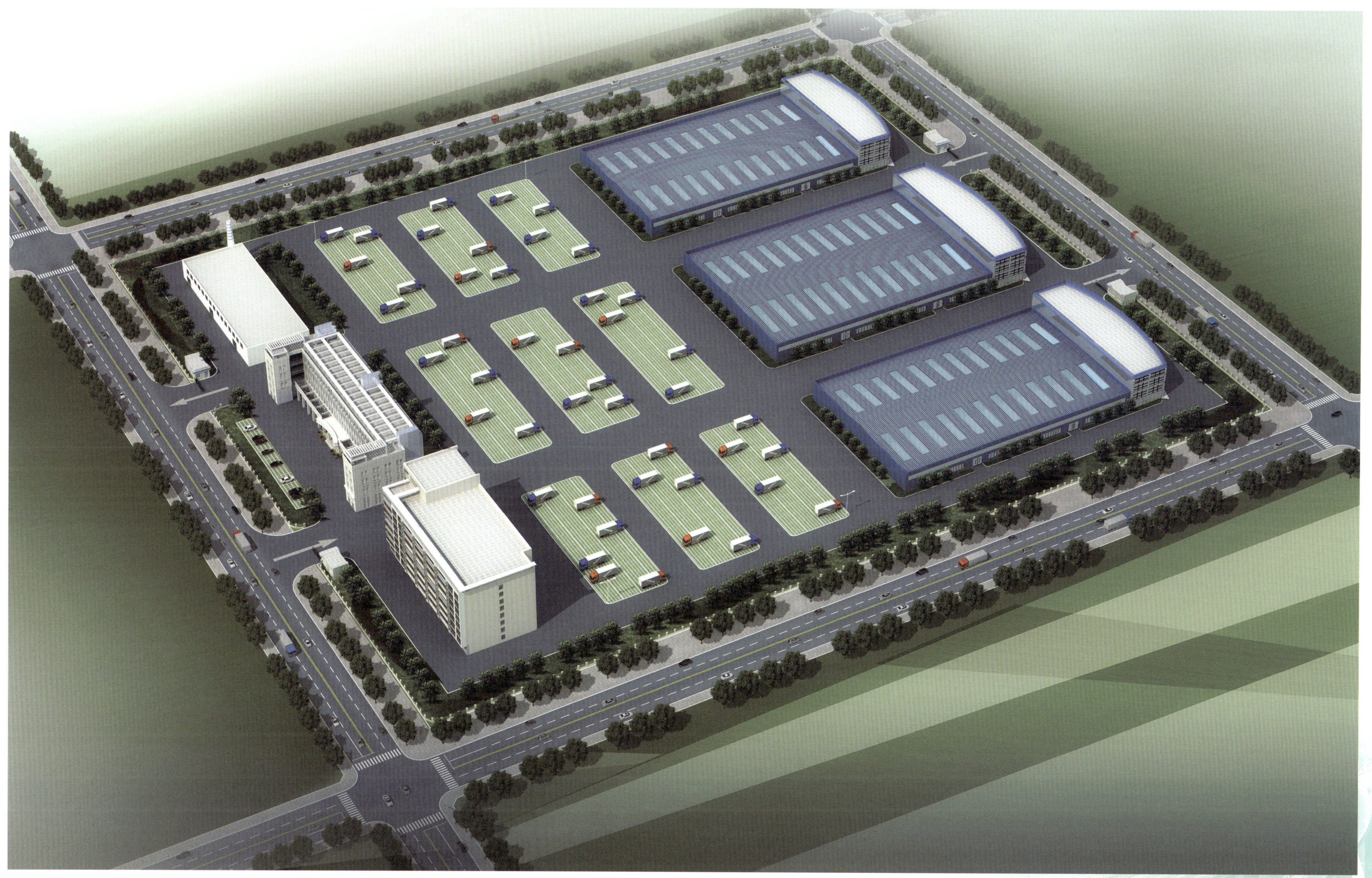

信息型二级公路货运站总平面示意图

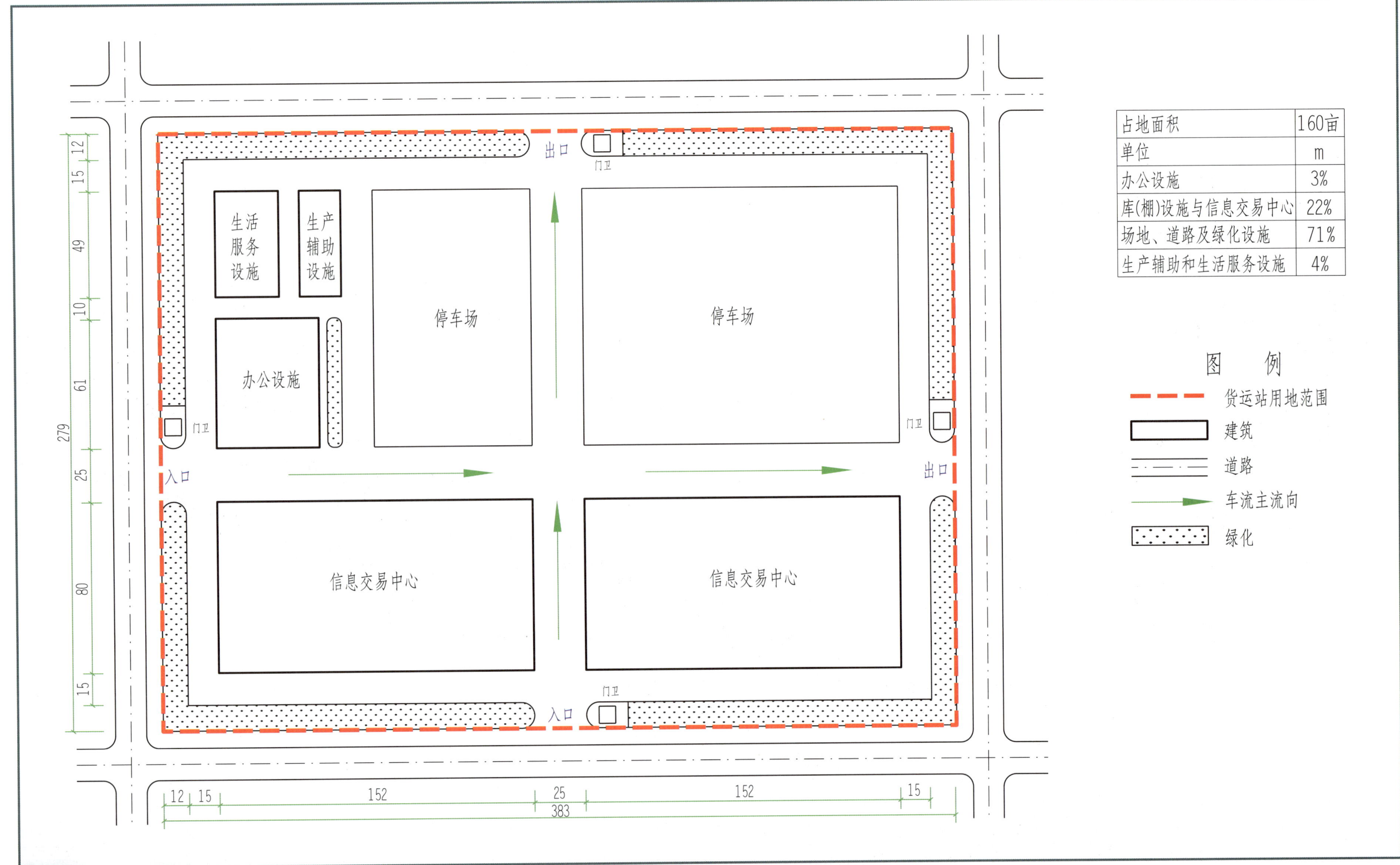

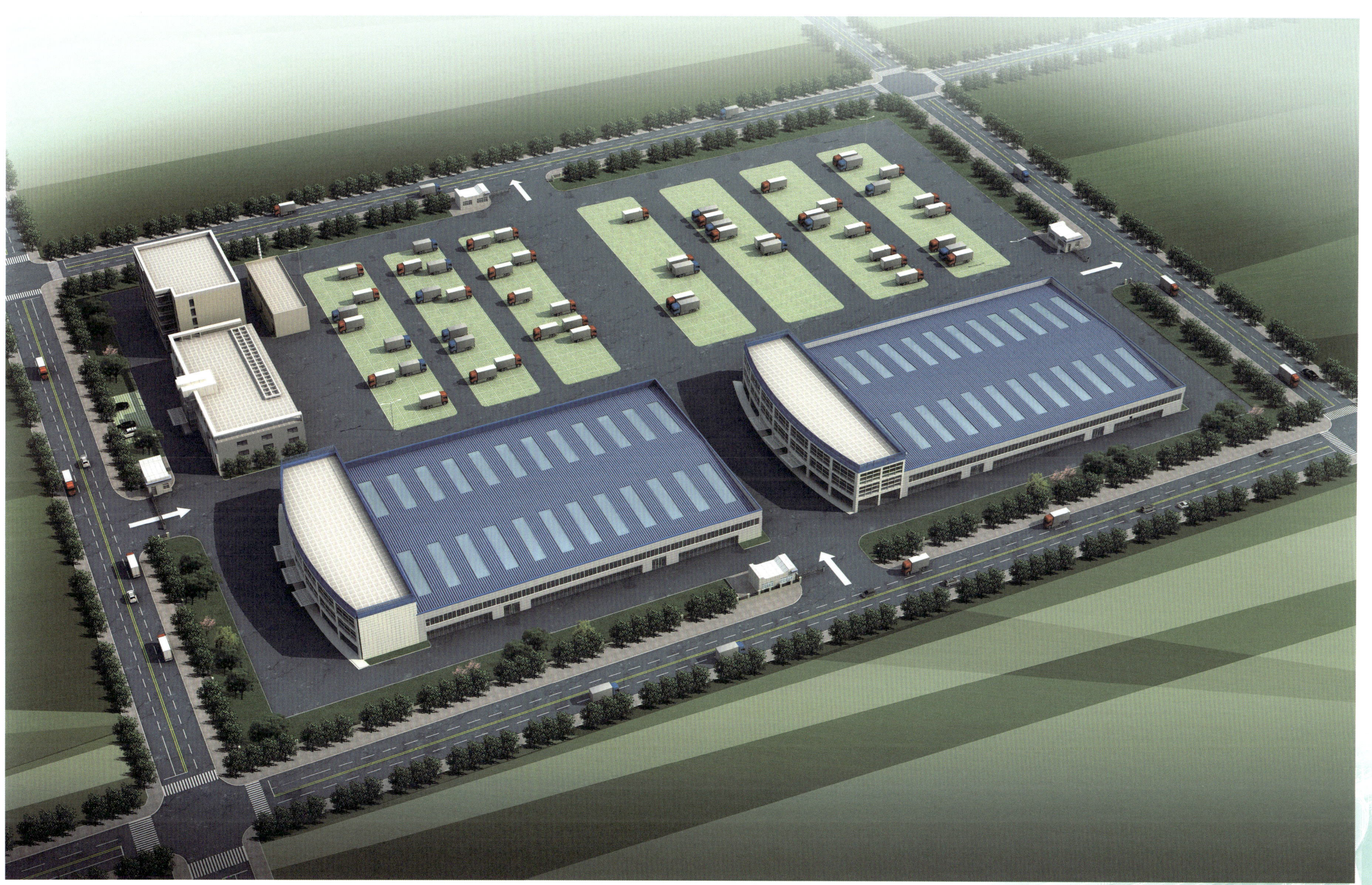

信息型三级公路货运站总平面示意图

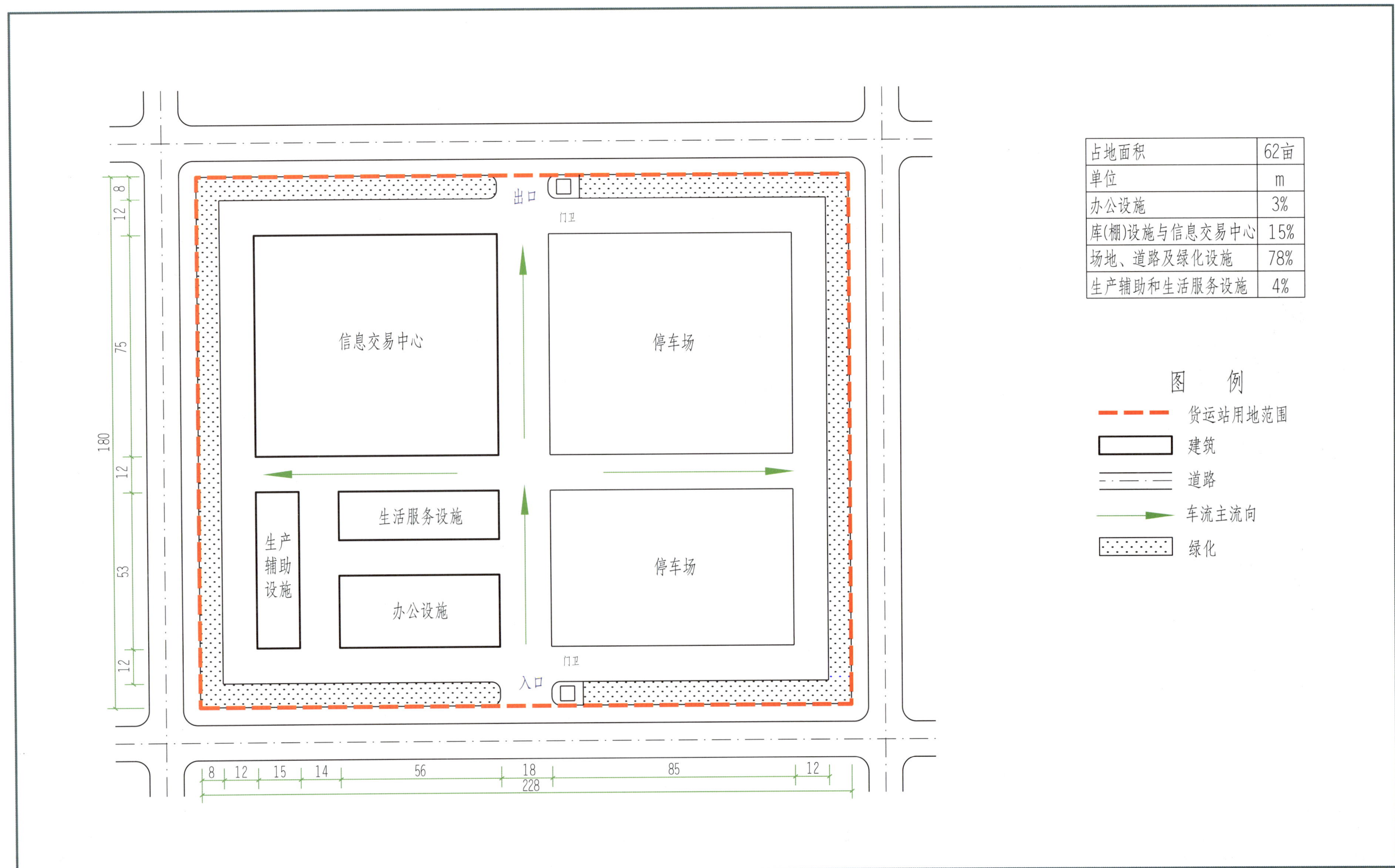

占地面积	62亩
单位	m
办公设施	3%
库(棚)设施与信息交易中心	15%
场地、道路及绿化设施	78%
生产辅助和生活服务设施	4%

信息型三级公路货运站效果图

第二部分

国内现有公路货运站案例图

梅观路
民康路
华南路
民乐路

某综合型一级公路货运站效果图2

某综合型二级公路货运站效果图

某运输型三级公路货运站效果图

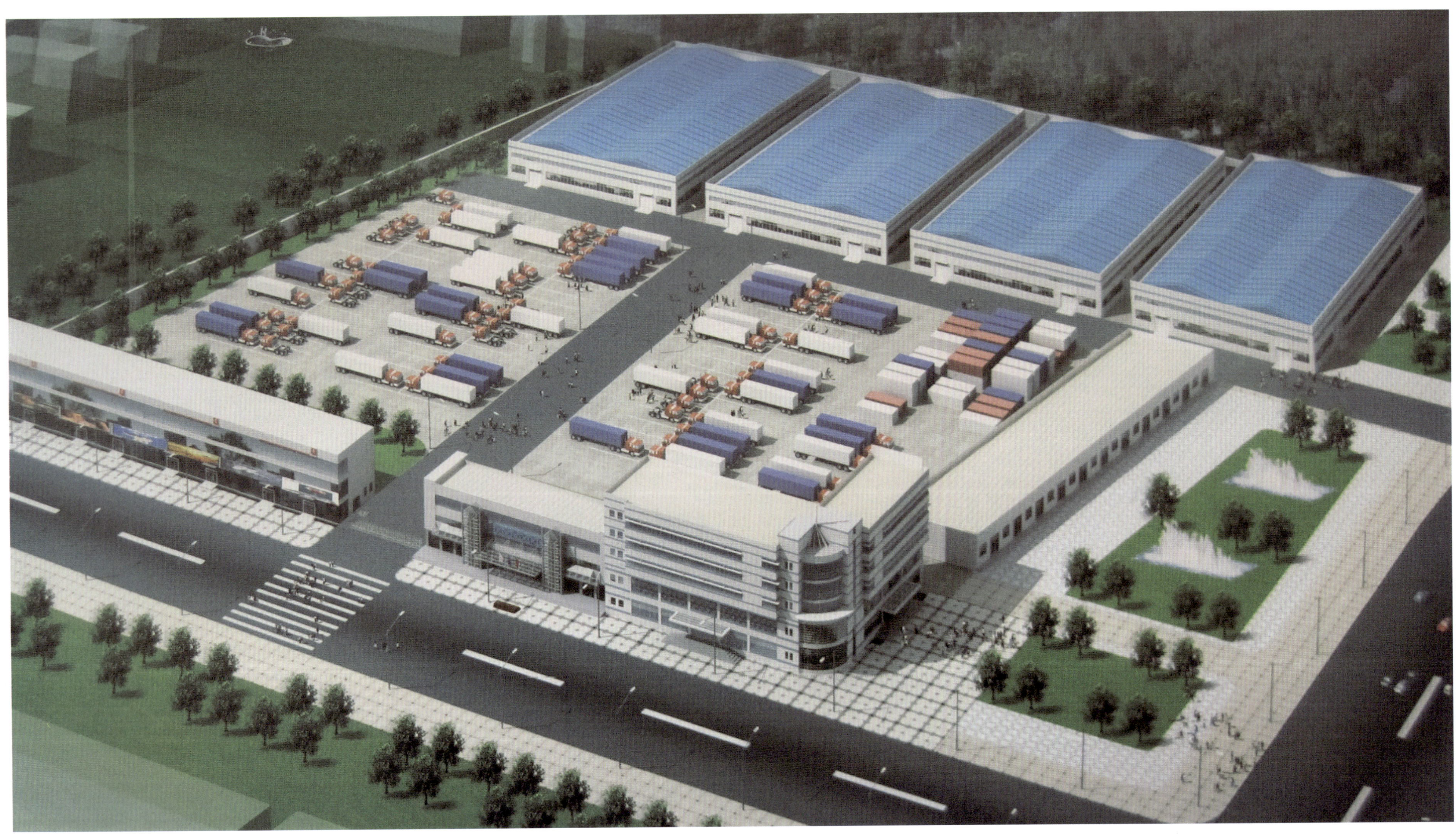

某仓储型二级公路货运站效果图

某仓储型三级公路货运站效果图